LE FESTIN DU CORBEAU

Yaahl (le Corbeau) créa la Terre et la fit magnifique avec toute l'eau des rivières et des océans. Il créa les arbres, les orques, les ours et même ceux qui ont deux jambes pour partager la beauté de la Terre. Il apporta la grande lumière pour briller sur la Terre. Ensuite, il se reposa.

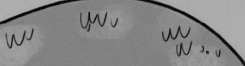

Yaahl passa du temps dans un endroit tranquille sur Haida Gwaii. De là, il pouvait regarder tous les êtres vivre et grandir, mais un sentiment grandissait aussi en lui. Un sentiment qu'il ne comprenait pas tout à fait. Il ressentait le besoin de bâtir. Très vite, il se mit à bâtir des grandes Xaads Nee (maisons) de cèdre. Il aimait tant bâtir qu'il remarqua à peine que 50 ans venaient de s'écouler.

Yaahl se demanda :

« Pourquoi est-ce que je bâtis toutes ces maisons si je suis seul ici ».
Il ne savait pas la réponse, mais il pensa que c'était lié au
sentiment qui grandissait en lui. Yaahl fit confiance à son intuition
et il sut qu'il était temps d'arrêter de bâtir.

Yaahl avait été si distrait qu'il avait oublié que l'hiver arrivait.

Il ramassa vite de la nourriture et la sécha.

Il ramassa aussi du ts'uu gid (cèdre rouge). Quand l'hiver arriva,

il confectionna un tapis et une cape avec le cèdre.

Quand Yaahl eut fini son travail, il s'assit
pour réfléchir à ce sentiment en lui,
et il commença à comprendre.

Il pensa aux créatures à deux jambes et déclara :
« Je me sens seul, très seul, et j'ai envie de voir des gens. »

Yaahl savait ce qu'il devait faire pour remédier à sa solitude. « Je vais faire un festin, et j'inviterai les créatures à deux jambes en provenance des quatre directions à se joindre à moi. » Yaahl savait qu'il avait des maisons pour loger tous les gens, mais il savait aussi qu'il n'avait pas assez de nourriture à leur offrir.

Yaahl chassa et pêcha, il fuma et sécha soigneusement la viande. Il voulait offrir le meilleur à ses invités. Il ramassa des moules et cueillit des baies qu'il mit dans les kaadii (paniers) qu'il avait fabriqués durant les longs mois d'hiver. Il entreposa ces denrées avec beaucoup de soins pour ne rien perdre.

Yaahl était sur le point d'inviter tout le monde lorsqu'il se rendit compte qu'il n'avait pas de cadeaux pour ses invités.

Alors Yaahl prit ses outils en os et son cèdre.

Il assembla les matériaux récoltés et se mit au travail.

Il fabriqua les plus beaux paniers, chapeaux, tapis, capes

et jupes pour honorer les gens des quatre directions.

Quand il eut terminé de construire les grandes maisons et de préparer la nourriture
et les cadeaux, il sut qu'il était temps de lancer ses invitations.

Yaahl fit face à l'est. Il frappa quatre fois du pied et appela :

« Swansang, sdang, hlunahl, stansang! (1, 2, 3, 4!) ».

À l'horizon, il vit les peuples autochtones qui ramaient dans leurs canots vers les rives de Haida Gwaii.

Ils portaient sur eux des choses représentant chacune de leurs nations et parlaient diverses langues.

Chaque groupe avait sa propre culture et chaque culture était unique en son genre.

Yaahl fit face au sud. Il frappa quatre fois du pied et appela :

« Swansang, sdang, hlunahl, stansang! (1, 2, 3, 4!) ».

À l'horizon, il vit les peuples asiatiques qui ramaient dans leurs canots vers les rives de Haida Gwaii.

Ils portaient sur eux des choses représentant chacune de leurs nations et parlaient diverses langues.

Chaque groupe avait sa propre culture et chaque culture était unique en son genre.

Yaahl fit face l'ouest. Il frappa quatre fois du pied et appela :

« Swansang, sdang, hlunahl, stansang! (1, 2, 3, 4!) ».

À l'horizon, il vit les peuples africains qui ramaient dans leurs canots vers les rives de Haida Gwaii.

Ils portaient sur eux des choses représentant chacune de leurs nations et parlaient diverses langues.

Chaque groupe avait sa propre culture et chaque culture était unique en son genre.

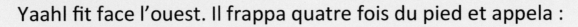

Yaahl fit face au nord. Il frappa quatre fois du pied et appela :

« Swansang, sdang, hlunahl, stansang! (1, 2, 3, 4!) ».

À l'horizon, il vit les peuples européens qui ramaient dans

leurs canots vers les rives de Haida Gwaii.

Ils portaient sur eux des choses représentant chacune de leurs nations et

parlaient diverses langues. Chaque groupe avait sa propre culture et

chaque culture était unique en son genre.

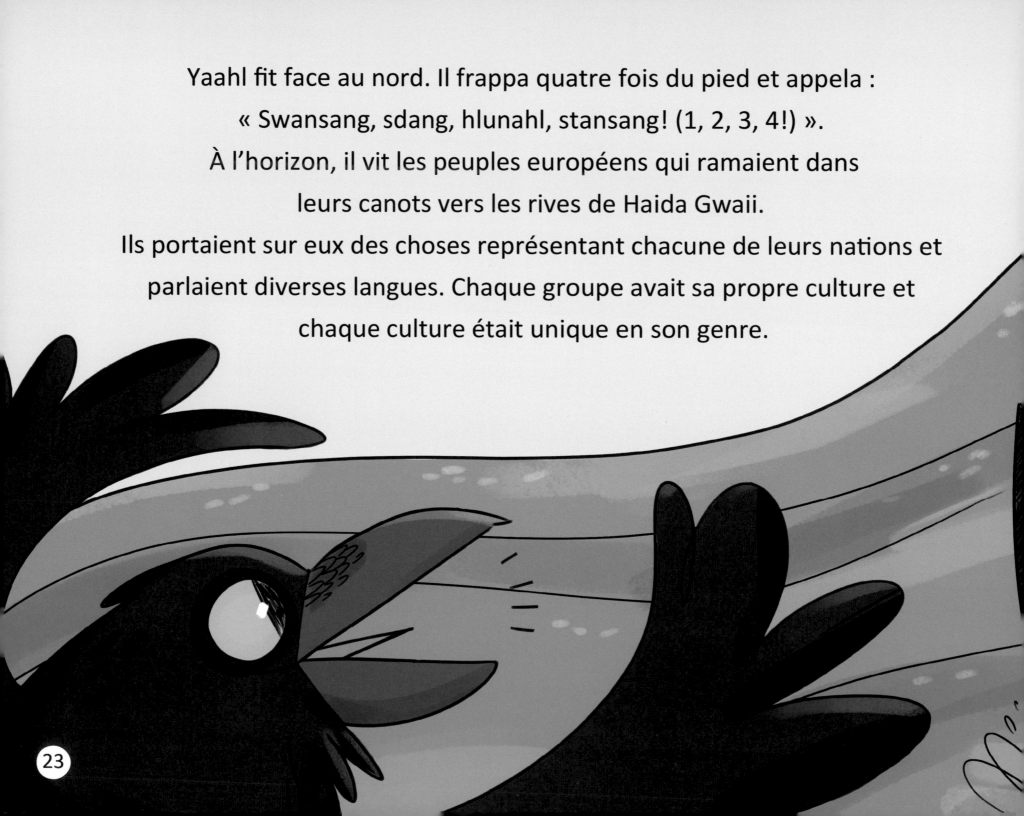

Yaahl souhaita la bienvenue à tous dans son village :
« Dalang ky'uusii aats'uugaa (Chacun de vous est bienvenu ici) ».
Il présenta toutes les nations les unes aux autres, celles de l'est, du sud, de l'ouest et du nord.
Toutes les nations virent qu'elles avaient des cultures différentes et que chacune était unique.

Tous se mirent à danser, à chanter et à jouer de la musique propre à leur culture,
et à échanger les uns avec les autres.
Tous aimaient les cadeaux que Yaahl leur avait donnés. Ils firent la fête et encore la fête.
Les jours devinrent des semaines, les semaines des mois, et les mois des années.

À la fin du festin, avant que chaque groupe retourne à ses terres,
ils reçurent tous un cadeau important, encore plus important que les paniers,
tapis et chapeaux. Yaahl offrit à chaque personne un don unique
et spécial qu'elle pouvait transporter dans son cœur.

Yaahl savait que tout cela était bien et que chaque
personne de chaque direction partagerait son cadeau avec le reste du monde.

À notre naissance, nous avons tous été invités au festin de Yaahl où nous avons reçu un don très spécial.
Par exemple, certains ont le don de la chasse, de la pêche, de la sculpture,
de la danse, ou tout autre talent imaginable.

C'est à chacun de nous de découvrir le don que Yaahl a placé dans notre cœur et d'aider les autres à trouver le leur. Ainsi, nous enseignons aux autres à s'écouter eux-mêmes, à écouter les esprits et le Salaana (Créateur).

Quand vous apprenez à vous aimer complètement, à l'intérieur
et à l'extérieur, vous parvenez à partager le don que Yaahl a légué à vous et au monde.

Les autres viendront vers vous pour trouver le don de Yaahl.

Vous apprendrez à dire « Je m'aime » (Dii dii k_uayaadang) et « Je t'aime » (Dang dii k_uyaadang).

Nous sommes des êtres parfaitement imparfaits qui continuent de grandir grâce aux dons de Yaahl.

Mots Haida et leurs significations

Yaahl (yaw-hl) – Corbeau

Xaada nee (haw-ds nay) – Maisons

Ts'uu gid (ch-u-gid) – Cèdre rouge

Kaadii (kaw-dee) – Panier

Salaana (suh-laa-n) – Créateur

Swansang (swan-sung) - Un

Sdang (sduh-ung) - Deux

Hlunahl (hl-uh-nahl) - Trois

Stansang (stan-sung) - Quatre

Haw'aa (how-uh) - Merci

Pour amorcer la discussion

Qu'a fait le Corbeau dans le récit?

Vous souvenez-vous du nom du Corbeau?

Pourquoi le corbeau a-t-il fait un festin?

Pourquoi le Corbeau avait-il besoin de faire un festin?

Si vous faisiez un grand festin, qui inviteriez-vous?

Quelle chanson chanteriez-vous à la fête?

Est-ce que vous avez découvert votre don spécial?

Comment pensez-vous pouvoir découvrir votre don spécial?